BEI GRIN MACHT SICH IHR WISSEN BEZAHLT

Bibliografische Information der Deutschen Nationalbibliothek:

Die Deutsche Bibliothek verzeichnet diese Publikation in der Deutschen National-bibliografie; detaillierte bibliografische Daten sind im Internet über http://dnb.d-nb.de/ abrufbar.

Dieses Werk sowie alle darin enthaltenen einzelnen Beiträge und Abbildungen sind urheberrechtlich geschützt. Jede Verwertung, die nicht ausdrücklich vom Urheberrechtsschutz zugelassen ist, bedarf der vorherigen Zustimmung des Verlages. Das gilt insbesondere für Vervielfältigungen, Bearbeitungen, Übersetzungen, Mikroverfilmungen, Auswertungen durch Datenbanken und für die Einspeicherung und Verarbeitung in elektronische Systeme. Alle Rechte, auch die des auszugsweisen Nachdrucks, der fotomechanischen Wiedergabe (einschließlich Mikrokopie) sowie der Auswertung durch Datenbanken oder ähnliche Einrichtungen, vorbehalten.

Impressum:

Copyright © 2014 GRIN Verlag
Druck und Bindung: Books on Demand GmbH, Norderstedt Germany
ISBN: 9783668629141

Dieses Buch bei GRIN:

https://www.grin.com/document/378018

Ibrahim Kaddoura

Die 10 Ziele interkulturellen Lernens. Ein Praktikumsbericht für eine Gesamtschule

GRIN Verlag

GRIN - Your knowledge has value

Der GRIN Verlag publiziert seit 1998 wissenschaftliche Arbeiten von Studenten, Hochschullehrern und anderen Akademikern als eBook und gedrucktes Buch. Die Verlagswebsite www.grin.com ist die ideale Plattform zur Veröffentlichung von Hausarbeiten, Abschlussarbeiten, wissenschaftlichen Aufsätzen, Dissertationen und Fachbüchern.

Besuchen Sie uns im Internet:

http://www.grin.com/

http://www.facebook.com/grincom

http://www.twitter.com/grin_com

Inhaltsverzeichnis

1. Kurze Beschreibung der Praktikumsschule und meiner Aufgaben

Mein Praktikum absolvierte ich vom 10. Februar - 10. März 2014 an einer Gesamtschule, die sehr zentral in einer Kleinstadt liegt. An dieser Schule gibt es insgesamt 80 Angestellte, darunter 72 Lehrer[1]. Der Rest schließt die Reinigungskräfte und den Hausmeister mit ein. Die Schule hat ca. 800 Schüler und besitzt eine gymnasiale Oberstufe, in der leistungsbereite Schüler nach der zehnten Klasse das Abitur absolvieren können.

Es handelt sich hierbei um eine relativ leistungsschwache Schule und das spezifische Merkmal dieser ist, dass die Lehrer sich wirklich für jeden Schüler genug Zeit nehmen und sich auf die Schwächen der Schüler konzentrieren und mit ihnen zusammen an diesen arbeiten. Das bedeutet, dass Lehrer immer offen für Fragen sind und das Unterrichtstempo an ihre Schüler anpassen.

Einen pädagogischen Schwerpunkt setzt die Schule mit der MINT-Klasse, in der Schüler, die Interesse an Mathematik, Informatik, Naturwissenschaften und Technik haben, speziell in diesen Fächern gefördert und gestärkt werden. Zusätzlich hat die Schule zwei Förderschullehrer, die bei sehr leistungsschwachen Schülern immer nebenan sitzen und bei Schwierigkeiten nachhelfen.

Die Schule besitzt außerdem eine Menge Musikmaterial und ist die einzige Schule im Umkreis, die Vokalklassen anbietet. Die Musiklehrkräfte bieten Musiktherapie an, weil es insbesondere Schülern aus familiär schlechtem Hintergrund hilft, Fortschritte in ihrer Persönlichkeit und Leistungsbereitschaft zu machen.

Ich hatte mehrere Aufgaben im Praktikum: Unter anderem begleitete ich die Lehrer in ihren Unterricht, konnte diesen detailliert beobachten und am Ende des Unterrichts mit den verschiedenen Lehrern besprechen. Manchmal, wenn zu wenig Lehrer in der Pausenaufsicht waren, habe ich freiwillig Aufsicht geführt, damit die Schüler auch alle Angebote wie das Fußball- oder Basketballfeld beanspruchen konnten. Die interessanteste Aufgabe war definitiv das Unterrichten. Ich durfte insgesamt 14 Unterrichtsstunden halten weil es mein zweites Praktikum an dieser Schule war und die Lehrer mich bereits kannten. Darunter waren drei Französischkurse der Klassen 10-12 und der

---

[1] Im Folgenden werde ich für Begriffe wie Lehrer, Schüler oder Ähnlichem aus Platzgründen immer die männliche Genderform benutzen.

2

Englischleistungskurs der 12. Klasse. Der folgende Bericht wird meine Beobachtungsschwerpunkte theoretisch wiedergeben und meine Erfahrungen reflektieren.

2. Mein Beobachtungsschwerpunkt

Mein Beobachtungsschwerpunkt im Praktikum war die Heterogenität der Schule. Speziell zu diesem Thema beschäftige ich mich im Folgenden mit der kulturellen Heterogenität und der Fragestellung, wie kulturell verschiedene Schüler im Unterricht angesprochen und wie Vorurteile von anderen Kulturen und ethnischen Gruppen abgeschafft werden können.

2.1. Theoretischer Exkurs

Zu Beginn werde ich den Begriff der Heterogenität definieren, gehe von dort aus über zum Phänomen des Primacy-Effekts und werde daraufhin den Begriff der Ethnie und der Kultur voneinander unterscheiden. Anschließend werde ich die zehn Ziele interkultureller Erziehung nach Wolfgang Nieke wiedergeben und mit eigenen Beispielen erläutern. Zum Schluss werden Beispiele gegeben, wie man im Fremdsprachenunterricht der Heterogenität von Schülern begegnen und ansprechen kann.

2.1.1 Definition der Grundbegriffe für die interkulturelle Erziehung & Bildung

Der Begriff Heterogenität kommt vom griechischen Adjektiv *heterogenes* und bedeutet „von verschiedenen Geschlecht, verschiedener Gattung oder Abstammung, ungleichartig aus ungleichartigem bestehen (Ott 2012, 4)[2]. Heterogenität ist an Homogenität gebunden, denn eine Gesamtheit die heterogen ist, muss etwas aufweisen, worin sie gleich sind (ebd.). Thomas Ott beginnt seine Illustrierung dabei mit Kieselsteinen, die vom Weiten alle gleich aussehen und einen gemeinsamen Ort einnehmen, doch sich bei näherem Betrachten in Farbe, Form und Gewicht leicht unterscheiden. Somit haben diese Kieselsteine Gemeinsamkeiten (Homogenität) und auch Unterschiede (Heterogenität). Nun versucht Ott diese Metapher auf die Schüler zu übertragen. Alle Schüler sind Menschen und besuchen eine Schule, unterscheiden sich jedoch innerhalb ihrer Eigenschaften wie in ethnischer Zugehörigkeit, Kultur und Aussehen. Zum Schluss seiner Definition betont Ott die „Gemeinsamkeiten zu entdecken" (ebd.), sodass die

---

[2] Ich studiere zwar die Fächer Englisch und Französisch, habe mich jedoch trotzdem dazu entschieden einen Artikel aus der Musikpädagogik zu benutzen, weil dieser neutral war und sich nicht ausschließlich auf den Musikunterricht bezieht.

Schüler zwar erkennen wie unterschiedlich sie sind, aber dennoch bewusst wahrnehmen, dass sie alle Menschen sind und gemeinsame Interessen haben (vgl. ebd.).

In der Psychologie spricht man von verschiedenen Wahrnehmungsfehlern. Einer der bekanntesten und am häufigsten vorkommenden Wahrnehmungsfehler ist der Primacy-Effekt, welcher besagt, dass „der erste Eindruck von einer Person oder Situation [...] folgende Wahrnehmungen und Beobachtungen [beeinflusst]" (Korossy 2008, 15). Genau dieser Effekt kann ein positives als auch ein negatives Bild einer Ethnie oder Kultur verursachen. Beispielsweise sieht ein Kind wie ein asiatischer Junge einer älteren Frau hilft und kann durch den Primacy-Effekt denken, dass alle Asiaten hilfsbereite Menschen seien. Wenn aber ein Kind einen griechischen Bankräuber in den Nachrichten sieht, so ist es möglich, dass das Individuum glaubt, dass alle Griechen kriminell seien und versucht sich von diesen Menschen zu distanzieren.

Nun möchte ich die Begriffe Ethnie und Kultur definieren, da sie in der Alltagssprache oft als Synonym verwendet werden, sich jedoch sehr stark in ihrer Bedeutung unterscheiden. Das Wort Ethnie kommt von dem griechischen Wort *ethnos* was nichts anderes als Volk bedeutet. So definiert Nieke eine Ethnie nicht als eine Nation sondern als Stämme (engl. *tribes*). Daher bezeichnet eine Ethnie „eine Gruppe, deren Mitglieder miteinander [...] verwandt sind" (Nieke 2000, 38 f.). Ethnien unterscheiden sich in Faktoren wie Sprache, Religion und Kultur (vgl. ebd.).

Kultur kommt hingegen vom lateinischen *cultura* und bedeutet Bebauung oder Pflege. Eine Kultur befindet sich innerhalb einer Ethnie und ist alles, was der Mensch - im Gegensatz zur Natur - verändern kann. Dazu gehören Sitten, Bräuche, Moral und auch hier wieder die Religion (vgl. ebd.).

Zur Illustrierung wäre ein türkischer Junge, der in Deutschland lebt, von der Ethnie her türkisch, weil er von einer türkischen Familie abstammt, deren Religion er befolgt und deren Sprache er spricht. Weil dieser Junge aber in Deutschland lebt und sich den Normen und Werten dieser westlichen Gesellschaft unterordnet, die deutsche Sprache spricht und viele deutsche Freunde hat, wäre er von der Kultur her sowohl türkisch als auch deutsch. Zusammenfassend ist bei der Ethnie die weite Verwandtschaft der einzelnen Mitglieder das Hauptcharakteristikum; bei der Kultur hingegen sind es Sitten, Bräuche und der gemeinsame Umgang.

Vom Begriff der Ethnie ausgehend veranschauliche ich den Terminus des Ethnozentrismus. Ethnozentrismus bezeichnet die Voreingenommenheit eines Individuums gegenüber fremden ethnischen Gruppen. Dabei betrachtet das Individuum die Kultur einer Ethnie aus seinem eigenen Blickwinkel, sodass einige Probleme oder Angelegenheiten nicht logisch erscheinen. Folglich sieht er seine Kultur als eine Überlegere und glaubt, dass nur diese human und zivilisiert sei. Ethnozentrismus kann zudem die Grundlage für Rassismus und Nationalismus sein (vgl. ebd., 93 f.).

Durch den Schulbesuch von Migranten, entwickelte man innerhalb der Pädagogik das Konzept der interkulturellen Erziehung und dem interkulturellem Lernen. Unter interkulturellem Lernen versteht man das Lernen mit dem Ziel der Förderung der interkulturellen Kompetenz: Schüler sollen mit Stereotypen und Vorurteilen konfrontiert werden und erkennen, dass diese nicht immer auf eine bestimmte Kultur zutreffen. Ein weiteres anzustrebendes Ziel ist, dass Kinder ihren Ethnozentrismus selbstständig überwinden, damit sie sich besser in verschiedene Situationen einer Kultur hineinversetzen können und sich somit auch ihr Empathievermögen erhöht (vgl. ebd., 227 f.).

2.1.2. Die zehn Ziele interkultureller Erziehung

Der Kulturpädagoge Wolfgang Nieke verfasste hierfür zehn Ziele der interkulturellen Erziehung und Bildung. Sind diese zehn Ziele erreicht, haben die Schüler eine gelungene interkulturelle Kompetenz und interkulturelles Lernen kann stattfinden (vgl. ebd.).

Als erstes Ziel definiert Nieke das „Erkennen des eigenen, unvermeidlichen Ethnozentrismus", wobei er benutzt den Terminus des Ethnozentrismus nicht mit negativer Konnotation benutzt. Jeder Mensch ist Mitglied einer Kultur und jede Kultur geht anders mit Problemen und Fremden um. Ziel des Lerners ist es somit zu wissen, dass jede Kultur anders ist. Beispielsweise versuchen Schulklassen in Deutschland oft das Thema des Kopftuches aus dem Blickwinkel der deutschen Kultur zu beschreiben, was jedoch zu Problemen und Unstimmigkeiten führt. Man muss diese Diskussion folglich aus der Perspektive der islamischen Kultur betrachten, um darüber urteilen zu können. Als Ziel definiert der Kulturpädagoge den aufgeklärten Ethnozentrismus, welcher besagt, dass Schüler ein Problem immer aus der Perspektive der betroffenen Kultur betrachten und zu lösen versuchen (vgl. ebd., 204 f.). Er sieht dieses Ziel als Grundlage für alle weiteren Ziele, da er sagt, dass „[der] aufgeklärte Ethnozentrismus [...] Voraussetzung für die im folgenden dargelegten weiteren Zielsetzungen interkultureller Erziehung und Bildung [sei]" (ebd., 205).

Das zweite Ziel ist „das Umgehen mit der Befremdung" (ebd.). Schüler erkennen schnell, dass Menschen aus einer anderen Kultur sich von den eigenen Mitmenschen unterscheiden. Das Ziel ist, dass Schüler sich davon nicht abschrecken lassen und stattdessen die Gelegenheit nutzen, mit diesen Menschen in Kontakt zu treten. Der Kulturpädagoge erklärt das erfolgreiche Abschließen des Ziels damit, dass Schüler neugierig werden und sich somit aus Interesse für eine fremde Kultur interessieren, Kontakt aufbauen und eventuell sogar über diese Kultur informieren (vgl. ebd., 206).

Als drittes Ziel definiert Nieke „das Grundlegen von Toleranz"(ebd., 207). Der Begriff der Toleranz muss bei den Lernern bekannt sein: Sie sollen andere Menschen akzeptieren, auch wenn sie anders sind; jedoch hat die Toleranz hat ihre Grenzen. Wenn die „Basisbedingungen für das gewaltfreie Zusammenleben" (ebd.) gestört werden, muss erkannt werden, dass gewisse Handlungen die Gesellschaft behindern und nicht toleriert werden dürfen. Auch wenn es beispielsweise üblich und eine Angewohnheit innerhalb der Kultur ist, dass manche Wahhabiten[3] ihre Frauen stark schlagen und sie inhuman behandeln, ist es die Aufgabe der Mitmenschen zu erkennen, dass dieses Verhalten nicht toleriert werden darf.

Das vierte Ziel interkulturellen Lernens ist das Akzeptieren der Ethnizität und die Rücksichtnahme auf die Sprache der Minorität. Dabei ist Ethnizität „das Bewusstsein und die Präsentation der Zugehörigkeit einer Ethnie". (ebd.) Lerner müssen den Umgang mit Kulturen lernen und die entstehende Heterogenität und Mehrsprachigkeit sollte als kulturelle Bereicherung empfunden werden. Man muss immer bedenken, dass einige Menschen in Staaten wie Deutschland leben, da sie aus ihrem Heimatland vertrieben wurden oder geflohen sind. Aus diesem Grund ist es nötig, dass Rücksicht genommen wird, weil die Sprache oder Kultur der Zugehörigen als gefährdet empfunden wird (vgl. ebd.). Beispielsweise haben Eltern mit Migrationshintergrund oft Angst, dass ihr Kind ihre Kultur vergisst und sich komplett der neuen Kultur assimiliert. Man darf nicht erwarten, dass sich ethnischen Minoritäten sofort ohne Probleme anpassen.

Das fünfte Ziel ist das Bewusstmachen von Rassismus. Schüler sollten wissen, was Rassismus ist und wie dieser entsteht. Hierbei müssen einige Fälle von Rassismus

---

[3] Wahabiten sind in den deutschsprachigen Medien auch oft als Salafisten bekannt und bilden ca. 2 % derjenigen, die sich zu der Religionsgemeinschaft des Islam sehen. Es handelt sich hierbei um eine radikale Gruppe, die Frauen unterdrücken und verachten. Der islamische Konsens sieht diese Gruppe nicht als Muslime (vgl. AL-Harariyy 2007, 9 ff).

untersucht werden, um zu erkennen, wie es dazu gekommen ist. Wenn dies geschieht, können Kinder und Jugendliche präventiv dagegen vorgehen (vgl. ebd., 210 f.). Beispielsweise ist der Holocaust im deutschen Curriculum in vielen Fächern verankert, da Schüler diese Probleme, wenn sie auch gelehrt werden, verstehen und erkennen, dass dieses Verhalten falsch war und somit versucht wird ähnliche Situationen vorzubeugen. Ein weiteres Beispiel ist die Sklaverei in den USA, die bis heute noch einen Hauptteil des Geschichtsunterrichts in den vereinigten Staaten bildet. Wolfgang Nieke definiert ein erfolgreiches Bewusstmachen von Rassismus folgendermaßen: „Die Wirkung [des thematisierten Rassismus'] kann davon erhofft werden, dass ein Bewusstmachen sonst unbewusster Abwertungstendenzen diese blockieren und zum Verschwinden bringen kann" (ebd.).

Als sechstes Ziel verlangt Nieke, dass das Gemeinsame betont werden soll und somit ~~der~~ Ethnizismus vermieden wird. Gerade Kinder und Jugendliche sollten sich immer vor Augen halten, dass Menschen aus aller Welt trotzdem eines eine Sache gemeinsam haben: nämlich, dass sie alle Menschen sind. Wenn Kinder und Jugendliche dieses bedenken, ist das Zusammenleben sehr viel einfacher. Die Gefahr, dass Rassismus entsteht, ist geringer, jedoch nicht völlig auszuschließen. Nieke betont, dass eine solche Zielsetzung nicht einfach zu realisieren ist (vgl. ebd., 210 f.). Er gibt außerdem einen didaktischen Vorschlag zum Religionsunterricht, wobei die „Gemeinsamkeiten zwischen Christentum und Islam" sichtbar gemacht werden (ebd., 211).

Als siebtes Ziel nennt der Kulturpädagoge „Ermunterung zur Solidarität, Berücksichtigung der asymmetrischen Situation zwischen Majorität und Minorität" (ebd., 212). Darunter ist zu verstehen, dass die verschiedenen Majoritäten mit den Minoritäten zusammenhalten, um größeren Erfolg zu erstreben. Denn erst durch Solidarität entsteht ein Bündnis. Beispielsweise sollten deutsche Jugendliche auch mit Minoritätsgruppen in Kontakt kommen, damit sie sehen, dass man auf sie zugehen möchte und sie wissen, dass sie nicht fremden Einzelkämpfer in diesem Land sind. Nieke sagt hierzu auch, dass es dazu nur kommen kann, „wenn wenigstens ein Teil der Majorität bereit ist, den Minoritäten das Recht auf Anderssein [einzuräumen]" (ebd.). Eine häufige Konsequenz dieses Ziels ist die Abspaltung von verschiedenen ethnischen Gruppen. Nachzeitig kommt es sogar zu absoluter Isolation, da die Angehörigen der Minorität keinen Kontakt mit anderen haben möchten und nur noch ihre Sprache in der Öffentlichkeit sprechen (vgl. ebd., 212). Genau dieses ist auch ein großes Problem bei der interkulturellen Erziehung in der Schule. Türken, Araber oder andere Schüler mit Migrationshintergrund grenzen sich oft ab und bilden ihre eigenen Gruppen, weil sie entweder keinen Kontakt zu deutschen Schülern haben möchten oder keinen Kontakt zu deutschen Schülern aufbauen können. Jedoch sollte, wie bereits in Ziel sechs erwähnt, das Gemeinsame betont werden, sodass Freundschaften entstehen und die Schüler sich gegenseitig kulturell bereichern können.

Das achte Ziel nach Nieke ist „das Einüben in Formen vernünftiger Konfliktbewältigung – Umgehen mit Kulturkonflikt und Kulturrelativismus" (ebd.). Gerade Kinder, die in zwei Kulturen aufwachsen, haben oft interkulturelle Probleme. Nieke illustriert diesbezüglich folgendes Beispiel: Ein türkischen Mädchen darf aus religiösen Gründen nicht am Schwimmunterricht in der Schule teilnehmen. Die Lehrerin respektiert dieses, fühlt sich jedoch unwohl, weil sie ihren Erziehungsauftrag durchführen möchte - sie ist hier in einem Kulturkonflikt (vgl. ebd.). Zusätzlich kann es noch passieren, dass das türkische Mädchen in einem Konflikt „zwischen elterlicher Autorität und der Orientierung an den anderen Schüler [gerät]" (ebd.) Somit muss man erneut bedenken, dass jede Kultur anders ist und man somit auch den Kulturrelativismus vorbeugen kann. Kulturrelativismus bedeutet, dass „alle Kulturen [als gleichwertig anzusehen seien] (ebd.). Aber dies ist genau nicht der Fall, weil es sonst keine Kulturkonflikte geben würde (vgl. ebd.).

Als neuntes Ziel definiert Nieke die Aufmerksamkeit bezüglich der kulturellen Bereicherung. Kinder und Jugendliche bedenken oft nicht, wie sehr sie sich durch gegenseitige Bereicherung unterstützen können, wie zum Beispiel durch das Lehren und Lernen einer neuen Sprache. Dies hat zur Folge, dass der Jugendliche sich mit mehr Menschen verständigen können und gegebenenfalls haben sie Vorteile für die schulische oder berufliche Laufbahn (vgl. ebd.). Als Beispiel können Schüler mit einem französischen oder italienischen Kulturhintergrund die Sprache ihren Mitschülern beibringen oder im Italienisch- oder Französischunterricht als Muttersprachler Experten sein. Aber auch die verschiedenen Kleidungsstile und Kochgerichte sollten zwischen den Kindern und Jugendlichen ausgetauscht werden, um genau diese Bereicherung feststellen zu können. Ein häufiges Ritual in Schulen ist ein Tag, an denen den verschiedenen Nationalitäten der Schüler gedacht wird. Dies geschieht mittels traditioneller Kleidung, Kochgerichten und Geschichten (vgl. ebd., 213).

Als letztes Ziel prägt Nieke das Thematisieren der Wir-Identität: Er definiert diesen Begriff als „Vorstellungen über die reale und virtuelle Zugehörigkeit zu Gruppen, und diese Zugehörigkeit ist nicht nur ein äußerlicher Status, sondern Bestandteil der Vorstellungen von sich selbst. Das wird als Anlehnung an eine Begriffsbildung [...] als Wir-Identität bezeichnet" (ebd., 215). Trotz der vielen Differenzierungen der einzelnen ethnischen Gruppen, soll eine gemeinsame Identität gebildet werden. Wenn alle zuvor erreichten Ziele abgeschlossen sind, ist die Wir-Identität ohne Hindernisse erreichbar. Wir-Grenzen können überwunden werden und es entsteht eine gemeinsame Identität, die durch kulturelle Bereicherung beeinflusst wird (ebd., 217).

2.1.3. Umsetzung in der Praxis

Nachdem ich die Begriffe Heterogenität, Ethnozentrismus und interkulturelles Lernen erklärt habe, möchte ich demonstrieren wie diese in der heutigen Schulpraxis umgesetzt ist werden. Ich beschäftigte mich hierfür mit dem signifikanten Heterogenitätsmerkmal der Religion, weil es in Deutschland sehr viele Schüler gibt, die der islamischen Glaubensrichtung angehören. Die Aufgabe eines Lehrers ist es, die Schüler mit dieser Kultur vertraut zu machen und sie von verschiedenen Vorurteilen zu lösen. Seit dem 11. September gab es einen Paradigmenwechsel, sodass viele Leute sehr viel Angst vor Muslimen bekommen haben. Im englischen Sprachraum spricht man bereits von Islamophobia (vgl. Sanjakdar 2010, 297).

Sanjakdar betont, dass es wichtig ist im Unterricht Vorurteile gegenüber Muslimen anzusprechen, da die muslimische Kultur oft nicht von allen Seiten betrachtet wird. Schüler kennen nur die Burka, den Niqab[4] und die Jungfrauenheirat. Diese Stereotype sorgen dafür, dass man den Islam als eine frauenfeindliche Religion betrachtet. Laut Sanjakdar muss zuerst der Begriff des Islam geklärt werden:

> In should be noted from the outset that Islam can mean many different things to different people. While some use the word "Islam" to refer to the practice of religious rituals and/ or to spirituality, others use the term to refer to cultural traditions and practices. In some circles, "Islam" is to talk about a political viewpoint, often referring to what is known as Sharia, Islamic law. (ebd.,283)

---

[4] Im Gegensatz zur Burka zeigt der Niqab die Augen der Frau. Er wird hauptsächlich auf der arabischen Halbinsel von Frauen getragen.

Denn genau danach werden Schüler sehen, dass der Begriff Islam oft in falschen Kontexten verwendet wird, sodass viele falsche Vorurteile entstehen. Im Englischunterricht können Lehrer mit ihren Schülern Australien besprechen, weil es ein Beispiel für die friedliche Praktizierung der islamischen Religion ist: Frauen dürfen dort studieren und Auto fahren wie es auch in der westlichen Welt üblich ist. Es handelt sich dort um sunnitische Muslime, die nicht an den wahabitischen Zweig angelehnt sind. Hier können Vorurteile aufgegriffen und an positiven Beispielen widerlegt werden (vgl. ebd.).

Einen ausschlaggebenden Teilbereich zum Vermitteln von interkulturellen Kompetenzen findet man verstärkt in der Literaturdidaktik. Innerhalb dieses Teilbereichs spricht man von „Migrantenliteratur" (Rösch 2010, 41). Es handelt sich hierbei um Texte, Romane oder auch Gedichte, die von Autoren verfasst wurden, die am Schnittpunkt zwischen zwei Kulturen leben und von ihren Konflikten zwischen diesen beiden oder auch über die potentiellen Bereicherungen sprechen. Schüler werden dabei zunächst mit Literatur konfrontiert und können mit dieser stilistisch umgehen, werden thematisch mit Migrationsgruppen konfrontiert und erhalten somit interkulturelle Einblicke und Erfahrungen. In heterogenen Klassen lassen sich diese Themen diskutieren, sodass Vorurteile und Stereotype aufgelöst werden und eine gemeinsame Wir-Identität entwickelt werden kann. Migrantenliteratur findet sich in der Regel in allen Sprachfächern[5].

2.2. Erfahrungen aus dem Praktikum

Ich hatte während meines Praktikums die Möglichkeit eine sehr kulturelle Schule zu beobachten. Gerade da die Schule auf die Pflege dieser Heterogenität achtet, habe ich mir diesen Beobachtungsschwerpunkt rausgesucht. Zuvor möchte ich jedoch mein Vorgehen erläutern.

Zunächst beobachtete ich eine Klasse der Unterstufe (Klasse acht: Englisch) und zwei Kurse der Oberstufe (Jahrgang dreizehn Grundkurs Englisch und Jahrgang zwölf Grundkurs Französisch). Das Spezifische an diesen Klassen war, dass etwa 90% der Schüler Migrationserfahrung haben und zwar sehr unterschiedliche. Beispielsweise sind in der sechsten Klasse 20 Kulturen auf 28 Schüler verteilt. Ich achtete sehr auf die Begegnung von Interkulturalität im Unterricht, indem ich genau beobachtete, ob die

---

[5] Beispiele:
Deutsch: Weber, Anette(2004): *Keine Chance. wer geht denn schon mit Türken*;
Englisch: DeLillo, John (2007): *Falling Man*;
Französisch: Benameur, Jeanne (2010): *Samira des Quatre Routes*

verschiedenen Schüler sich für Themenbereiche interessieren. Ich war der Meinung, dass Schüler den Unterricht interessierter verfolgen, wenn Interkulturalität im Unterricht besprochen wird.

Ich erstellte mir für dieses Vorhaben eine Tabelle, um zu prüfen, ob meine These stimmt. Dazu notierte ich mir, wie oft sich Schüler melden, wie lang und wie fehlerfrei ihre Texte sind und wie genau sie zuhören, wobei ich unterschieden habe, ob es sich um Schüler mit oder ohne Migrationshintergrund handelt. Zusätzlich fragte ich mich, ob die Schüler in der Lage sind, den Ethnozentrismus zu überwinden – also ob sie aus einer anderen Kultur denken können und ob sie in der Lage sind die Probleme zu identifizieren, die zwischen den einzelnen Kulturen existieren. Mittels dieser beiden Leitfragen führte ich mit einzelnen Schülern und Lehrern ein Gespräch, um diese Thematik noch einmal genau mit ihnen zu besprechen. Zusätzlich habe ich ihre Aussagen mit dem Voice Rekorder meines Handys aufgenommen. Zum Schluss sammelte ich mehrere Zitate von Lehrern und Schülern, die im Folgenden erläutert werden.

Aufgrund meiner selbst erstellten Beobachtungstabelle, die ich im Unterricht ausfüllte, und durch die geführten Schüler- und Lehrergespräche, die als Ergänzung der Tabelle dienten, kann ich mein Thema dem ersten Portfoliostandard „Beobachtung nach Planung" zuordnen. Da ich mich auf bestimmte Unterrichtssituationen und dem Verhalten und qualitativem Engagement konzentriere, handelt es hierbei um eine reflexive Unterrichtshospitation (vgl. Korossy 2008, 18 ff).

Die achte Klasse besprach das Thema der Zwangsehe in Pakistan und im Irak. Schüler aus muslimischen Ländern wie der Türkei meldeten sich sofort zu Wort und versuchten zunächst einmal Vorurteile zu vernichten, indem sie sagten, dass man im Islam auch aus Liebe heirate und nicht aus Zwang. Eine Schülerin mit irakischem Hintergrund erzählte im Englischunterricht auch die Liebesgeschichte ihrer Eltern, um der Lehrerin die wahre Kultur zu zeigen. Zuvor erarbeitete die Klasse die Geschichte von Robin Hood und dort beteiligten sich wenig Schüler am unterrichtlichen Geschehen. Da aber beim Thema der Zwangsehe die Schüler die Lehrerin unbedingt überzeugen wollten, dass die muslimische Kultur nicht gefährlich sei, waren sie gezwungen die englische Sprache zu nutzen, damit sie der Lehrerin zeigen konnten, dass es eine friedliche Religion sei. Es war auch zu sehen, dass Schüler ohne Migrationshintergrund auch sehr viel Spaß am unterrichtlichen Geschehen hatten, denn auch sie konnten etwas Neues lernen; im Interview verriet mir eine Schülerin: „Ich bin schlecht in Englisch und mag das Fach auch nicht so sehr, aber das Thema ist sehr interessant. Ich würde mir auch mal wünschen, dass wir über Spanien und so mal reden, damit man auch mal von meiner Kultur sprechen kann".

Die Lehrerin dieser Klasse berichtete ebenfalls, dass sie bereits in den vergangenen Jahren an dieser Schule mit solchen Themen das Interesse der Schüler erweckt hatte: „Diese Literatur spricht gerade die Schüler unserer Schule an, weil sie alle einen anderen Migrationshintergrund haben. Kinder reden nicht gerne über Robin Hood oder London, sondern über Angelegenheiten, die sie selbst betreffen. Sie sehen selbst, dass die Texte qualitativ nicht sehr gelungen sind, aber zunächst muss ich das Interesse der Schüler wecken."

Zusätzlich erzählte mir die Englischlehrerin dieser Klasse, dass sie sich täglich auf Deutsch, Englisch und Französisch begrüßen und zusätzlich in der Sprache eines Schülers. „Zwei Sprachen zu sprechen ist wichtig. Schüler sollen wissen, wie wichtig sowas ist, und ich will auch, dass sie sich willkommen fühlen." Dieses Ritual führte die Klasse konsequent jeden Tag durch. Während der Begrüßung in der zusätzlichen Fremdsprache konnte ich immer sehen, dass die Sprecher dieser Sprache immer dabei lächelten. Es hatte also einen positiven Effekt.

In der Französischklasse des zwölften Jahrgangs wurde das Buch *Samira des Quatre Routes* gelesen.[6] Zufälligerweise war dieser Französischkurs von sieben Mädchen besetzt, von denen vier ursprünglich aus Marokko stammten. Sie hatten hier die Möglichkeit eigene Erfahrungen mitzuteilen und niederzuschreiben. Eine Aufgabe in jeder Französischklausur war das kreative Schreiben und dieses wurde geübt, indem man die Schüler bat, ein Essay über das Heiraten mit 18 Jahren zu verfassen. Andere hielten ein Referat über die Probleme, die auftreten, wenn man in einer streng muslimischen Kultur aufwächst, aber in einen laizistischen Staat umsiedelt. Und in der Klasse diskutierte der Lehrer mit den jungen Damen, ob eine Ehe zwischen einem Moslem und einer Christin überhaupt möglich sei.

Eine Schülerin sagte zu diesem Thema: „Ich hoffe sehr, dass solch ein Text im Abitur vorkommt. Es ist sehr viel leichter einen Text zu lesen, den man selbst gelebt hat.

---

[6] In diesem wird die vierzehnjährige Protagonistin Samira vorgestellt, die in Frankreich lebte und zwischen zwei unterschiedlichen Kulturen lebt. Zunächst einmal die laizistische französische Kultur und die muslimische Kultur.

Kulturprobleme werden häufig in den Medien präsentiert und auf jeden Fall kann ich hierzu mehr schreiben als zu Jean-Paul Sartre oder Victor Hugo."

Der Kurslehrer liest in jedem Zwölferjahrgang dieses Buch und er selbst sagte, dass es ihm nicht langweilig würde. „Ich sehe Jahr für Jahr Schüler, die anders aufgewachsen sind als ich, und die dadurch sehr stark geprägt sind. Zum Teil macht es sie stärker , aber zum Teil auch schwächer. Es ist schön, welch verschiedene Meinungen Schüler haben. So merkt man, dass sie alle ganz verschieden sind und jeder seine individuelle Meinung vertritt.

Im Abiturjahrgang beschäftigte sich der Englischgrundkurs mit Postkolonialismus. Auch dort wurden mit dem Film „Bend it like Backham⁷" sämtliche Stereotype, die Migranten betrafen, wurden bei den Schülern vertrieben. Dazu analysierten die Schüler den Film im Hinblick auf das Zusammenleben von Indern und Engländern. Zuvor wurde das Land Indien detailliert in Hinblick auf seine Kultur und Geschichte vorgestellt.

Ein weiterer Schwerpunkt meiner Beobachtung war die Nutzung von Ritualen der interkulturellen Erziehung. Erneut betrachtete ich alle besuchten Kurse getrennt.

Die sechste Klasse in Englisch hatte – wie bereits erwähnt- das Ritual, sich jeden Morgen auf einer Fremdsprache eines Schülers zu begrüßen. Zusätzlich organisierte die Englischlehrerin mit der Klasse zusammen den *International Friday*. Jeden letzen Dienstag im Monat hatten fünf Schüler die Aufgabe, selbstgemachte Spezialitäten von zu Hause mitzubringen. Nach Ansicht der Lehrerin sei dieses Ritual ein erneuter Schritt, um die Kinder mit Interkulturalität zu konfrontieren, und ihrer Meinung nach stärke es die Klassengemeinschaft, die Englischstunde mit einem gemeinsamen Snack zu starten.

Die Französischklasse in dem Zwölferjahrgang war ausschließlich von muslimischen Mädchen besetzt. Der Lehrer hatte daher die Idee, dass die Schülerinnen bei jedem muslimischen Feiertag oder Ereignis von diesem erzählen. So verteilte er immer einen Feiertag auf eine Schülerin, die dann auf Französisch ein Referat vorträgt. Der Lehrer kommentierte diese Idee damit, dass Schüler aus muslimischen Ländern oft denken, nicht akzeptiert zu werden. Er erzählte sogar, dass er oft Schüler habe, die meinen,

---

⁷ In diesem Film erzählt Jess, ein indischen Mädchen, das in London lebt, ihre häuslichen Konflikte. Ihre ltern wollen nicht, dass sie Fußball spielt und Jess verliebt sich in ihren britischen Fußballtrainer. Ihr bester Freund erkennt seine Homosexualität und beide versuchen zwischen den beiden Welten ein Gleichgewicht zu finden.

dass Lehrer sie aufgrund ihrer Religion schlecht benoten. Durch diese Methode wissen Schüler, dass sie akzeptiert werden, und dies ist sehr wichtig, damit ein erfolgreicher Unterricht stattfinden kann. Außerdem halten die Schüler, seiner Meinung nach, gerne ein französisches Referat über dieses Thema.

Im Englischkurs des Zwölferjahrgangs gab es keine Rituale von interkultureller Erziehung. Nach Ansicht des Lehrers gäbe es dafür keine Zeit und man müsse sich lieber auf das Abitur vorbereiten. Er berichtet, dass er gerne das Thema in Literatur behandle, aber er es nicht weiter ausdehnen könne.

3. Resümee

Beim Vergleich meiner theoretischen Ausarbeitung mit den Ergebnissen und Erfahrungen meines Praktikum, komme ich zu folgendem Fazit: Es existieren sehr viele Möglichkeiten, wie man heterogenen Klassenstrukturen im Unterricht begegnen kann, vor allem in Bezug auf ihre verschiedenen kulturellen Hintergründe.

In den Lehrplänen und Leistungsanforderungen spielt die kulturelle Kompetenz in den Fächern Englisch und Französisch eine wichtige Rolle. Die Lerner sollen in der Lage sein, sich in andere Situationen hineinzuversetzen und ihr kulturelles Wissen erweitern. Laut Aussage einer Englischfachkraft an meiner Praktikumsschule lesen Schüler von der sechsten bis zur dreizehnten Klasse durchschnittlich 16 Werke, in denen Interkulturalität im Fokus steht. Dazu gehören in der Regel auch zwei große Romane und mehrere Filme. Im Französischunterricht sind es laut Französischfachkraft durchschnittlich elf Werke, unter anderem auch einen großen Roman.

Nebenbei kann man dieses Thema an jeder Stelle des Unterrichts einbringen, um das Interesse und die Motivation der Schüler zu aktivieren. Bei Grammatikübungen mit kulturellem Inhalt beteiligten sich mehr Schüler, als sonst. Beispielsweise sagte die Lehrerin in einem Übungssatz über die Past-Tense Zeit Folgendes:

Who can put this sentence in past tense? Yasin travels to Turkey because he wants to visit his grandparents.

Durch diese Begegnung wurden viele Schüler angeregt, den Fremdsprachenunterricht aufmerksam mitzuverfolgen. Die Ergebnisse der Schüler waren nicht immer sehr qualitativ, aber sie begannen mehr zu schrieben und einige fingen überhaupt erst an mitzumachen und Texte zu schreiben oder Dialoge einzuüben.

Außerdem half es den verschiedenen Schülern eine Fremdsprache zu erlernen. Viele dieser Kinder beherrschen weder die deutsche Sprache noch die Muttersprache. Aus diesem Grund mussten die Lehrkräfte immer Themen wählen, die die Aufmerksamkeit der Schüler weckt und das Erlernen der Fremdsprache vereinfacht.

In meiner Praktikumsschule wurde auch darauf geachtet, dass die zehn Ziele von Wolfgang Nieke sowohl wahrgenommen als auch durchgesetzt werden, denn durch die verschiedenen Rituale in den Klassen wird das Gemeinwohl der Klasse gestärkt. Das Motto der Schule heißt auch *„Verschieden, aber miteinander"*. Ständig wurde die kulturelle Bereicherung in den Klassen angesprochen und die Fremdsprachenlehrer versuchten immer mittels der verschiedenen Fremdsprachen eine linguistische Verbindung zu Vokabeln herzustellen. Beispielsweise sagte eine Französischlehrerin im Unterricht folgendes:

Alors, qui aime le gâteau? Vous savez qu'est-ce que c'est, un gâteau? En allemand on dit « Kuchen », et en turc? Ah oui, vous dites aussi gâteau. Et des autres (les autres) ? En italien, c'est cucina, n'est-ce pas ? ? Et en arabe, on dit aussi gâteau. »

Die Lehrerin vereinfachte den Schülern somit das Vokabellernen, weil einige Schüler dieses Wort bereits aus ihrer Muttersprache kennen. Die Lehrerin half ihnen dabei, diese Brücken zwischen zwei Sprachen zu schlagen.

Was mir auch sehr gefiel, ist die individuelle Förderung von Schülern die kein bzw. sehr wenig Deutsch sprechen. Die Lehrer führten einen binnendifferenzierten Unterricht durch und hatten immer Kollegen im Klassenraum, die den einzelnen Schülern Hilfestellung gaben, die Aufgaben zu erledigen. Dabei wurde darauf geachtet, dass Schülern selbstständig ihre Probleme erkennen und daran arbeiten.

Ein weiterer Punkt, der mich sehr überrascht hat, war die Toleranz der Schüler. Bevor ich die Schule gut genug kannte, hatte ich befürchtet, dass es zu sehr vielen Konflikten kommen könne, da dort sehr viele Menschen mit verschiedenen kulturellen, ethnischen und religiösen Hintergrund lernen. Nach einiger Zeit habe ich aber festgestellt, dass die Schule sehr friedlich ist und die Lehrerden Schülern genau zeigen, dass trotz der verschiedenen kulturellen Vielfalt alle Menschen in gewissen Punkten gleich sind.

Ich persönlich habe einen arabischen Hintergrund und mein Aussehen zeigt dieses auch. Während meines Praktikums habe ich mir einen Bart wachsen lassen, durch welchen meine kulturelle Herkunft noch deutlicher betont wurde und ich kann mich an die ersten Eindrücke der Lehrer auf meiner Praktikumsschule erinnern. Sie haben mich nicht anders behandelt oder meinen Bart kommentiert, aber ich konnte an ihrem Blick genau sehen, dass sie sich mit meinem Aussehen beschäftigten. Eine Lehrerin sagte sogar zu mir, dass sie nicht gedacht hätte, dass es Spaß machen würde mit mir zu arbeiten. Diese Aussage kann man in verschiedene Richtungen interpretieren. Jedoch fragten mich die meisten Lehrer dennoch nach meinem kulturellen Hintergrund und haben sogar sehr neugierig nach meiner religiösen Haltung gefragt. Ich versuchte ihnen zu erklären, dass ich das Leben in zwei Kulturen als eine kulturelle Bereicherung sehe und es ein Teil meines Ichs ist sowohl arabisch als auch deutsch zu sein.

Insgesamt hat mir das Praktikum sehr viel Spaß gemacht. Es fühlt sich sehr gut an, wenn ich sehe, dass es sehr verschiedene Methoden und Möglichkeiten gibt, wie man auf Schüler mit Migrationshintergrund eingehen kann. Dabei konnte ich es selbst noch mit meiner eigenen Schulzeit verknüpfen und generell konnte ich genau nachvollziehen, wie sich die Schüler fühlen.

Ich habe insgesamt viele Vor- und Nachteile des Berufs gesehen. Es war sehr stressig, die Unterrichtsstunden vorzubereiten und mein eigenes Material zu entwerfen, aber es hat sehr viel Spaß gemacht mit den Schülern zu arbeiten. Nachdem ich einer zehnten Klasse innerhalb von zwei Wochen einen neuen französischen Modus lehrte und sehen konnte, dass sie diesen fehlerfrei anwenden konnten, erfüllte mich dieses mit Stolz und mein Wunsch, Lehrer zu werden, hat sich definitiv verstärkt.

4. Anhang

	Schüler mit Migrationshintergrund	Schüler ohne Migrationshintergrund
Beteiligung am unterrichtlichem Geschehen		
Quantität der Texte (Länge)		
Qualität der Texte (Fehler)		
Können sich in die jeweilige Kultur hineinversetzen, wenn es nicht ihre eigene ist?		

Zitate von Schülern		
Zitate von Lehrern		

5. Literaturverzeichnis

Al-Harariyy, ^Abdu L-Lâh (2007): *Die Zusammenfassung, welche das überwiegende Pflichtwissen der Religionslehre umfasst Nach der Rechtschule von Imâm Asch-Schâfi^iyy.* Beirut: Islamischer Verein für wohltätige Projekte.

Korossy, Klaus (2008): „Unterrichtshospitation". In: Bovet, Gislinde/Huwendiek, Volker (Hrsg.): *Leitfaden Schulpraxis. Pädagogik und Psychologie für den Lehrberuf.* Berlin: Cornelsen Scriptor.

Nieke, Wolfgang (2000*): Interkulturelle Erziehung und Bildung: Wertorientierung im Alltag.* Opladen: Leske + Budrich.

Ott, Thomas (2012): „Heterogenität und Dialog". In: *Diskussion Musikpädagogik,* 36 (2005).

Rösch, Heide (2000): „Perspektivwechsel in der Deutschdidaktik". In: Griesmayer, N. / Wintersteiner, W. (Hrsg.): *Jenseits von Babylon. Wege zu einer interkulturellen Deutschdidaktik.* Innsbruck: StudienVerlag.

Sanjakdar, Fida (2010): „A Frank Intercourse: Combatting Islamophobia in Sex Education". In: Klincheloe, Joe, Steinberg, Shirley, Stonebanks, Christopher (Hrsg.): *Teaching Against Islamophobia. New York:* Peter Lang Publishing.